A Goldilocks e os Três Ursos

Goldilocks and the Three Bears

retold by Kate Clynes
illustrated by Louise Daykin

mantra

A Goldilocks estava a divertir-se, a apanhar flores para a sua mamã.
Avançando cada vez **mais** e **mais** para o interior do bosque.

Pára Goldilocks, volta para casa,
O bosque não é seguro quando estás completamente sozinha.

Goldilocks was having fun, collecting flowers for her mum.
She was heading **deeper** and **deeper** into the woods.

Stop Goldilocks, go back home,
Woods aren't safe when you're all alone.

Ela encontrou uma casinha de campo com um jardim maravilhoso.
"Eu quero apanhar aquelas flores," disse a Goldilocks.
"Vou ver se está alguém em casa."

She found a cottage with a beautiful garden.
"I want to pick those flowers," said Goldilocks. "I'll see if anyone's home."

Pára Goldilocks, bate à porta outra vez,
Pode estar alguma coisa feroz por trás da porta.

Stop Goldilocks, knock once more,
There may be something grizzly behind the door.

"Olá!" chamou ela,
"está alguém em casa?"
Mas não houve resposta.

"Hello!" she called,
"is anybody home?"
But there was no reply.

Na mesa encontravam-se três tigelas a fumegar. Uma tigela grande, uma tigela média e uma tigela pequena. "Mmmm, papa de aveia," disse a Goldilocks, "Estou cheia de fome."

On the table were three steaming bowls. One big bowl, one medium sized bowl and one small bowl. "Mmmm, porridge," said Goldilocks, "I'm starving."

Pára Goldilocks não te apresses,
As coisas podem tornar-se muito perigosas.

Stop Goldilocks don't be hasty,
Things could turn out very nasty.

A Goldilocks provou uma colher cheia da tigela
grande. "Ai!" gritou ela. Esta estava quente de mais.

Goldilocks took a spoonful from the big bowl.
"Ouch!" she cried. It was far too hot.

Depois ela experimentou a
tigela média. "Yak!" Esta
estava fria de mais.

Then she tried the middle bowl.
"Yuk!" It was far too cold.

No entanto a tigela pequena estava
mesmo boa e a Goldilocks comeu tudo!

The small bowl, however, was just right
and Goldilocks ate the lot!

Com a sua barriguinha bem cheia, ela distraidamente entrou para o próximo quarto.

With a nice full tummy, she wandered into the next room.

Espera aí Goldilocks, não podes andar assim por aí,
e a bisbilhotar na casa de outra pessoa.

Hang on Goldilocks, you can't just roam,
And snoop around someone else's home.

À frente da quentinha, incandescente
lareira estavam três cadeiras.
Uma cadeira grande, uma cadeira de
tamanho médio e uma cadeira pequena.

In front of the warm, glowing fire
were three chairs.
One big chair, one medium sized
chair and one small chair.

Primeiro a Goldilocks subiu para a cadeira grande, mas esta era dura de mais. Depois subiu para a cadeira média, mas esta era fofa de mais.
A cadeira pequena, no entanto, era mesmo o ideal.
A Goldilocks encostou-se para trás, quando...

First Goldilocks climbed onto the big chair, but it was just too hard.
Then she climbed onto the medium sized chair, but it was just too soft.
The little chair, however, felt just right.
Goldilocks was leaning back, when...

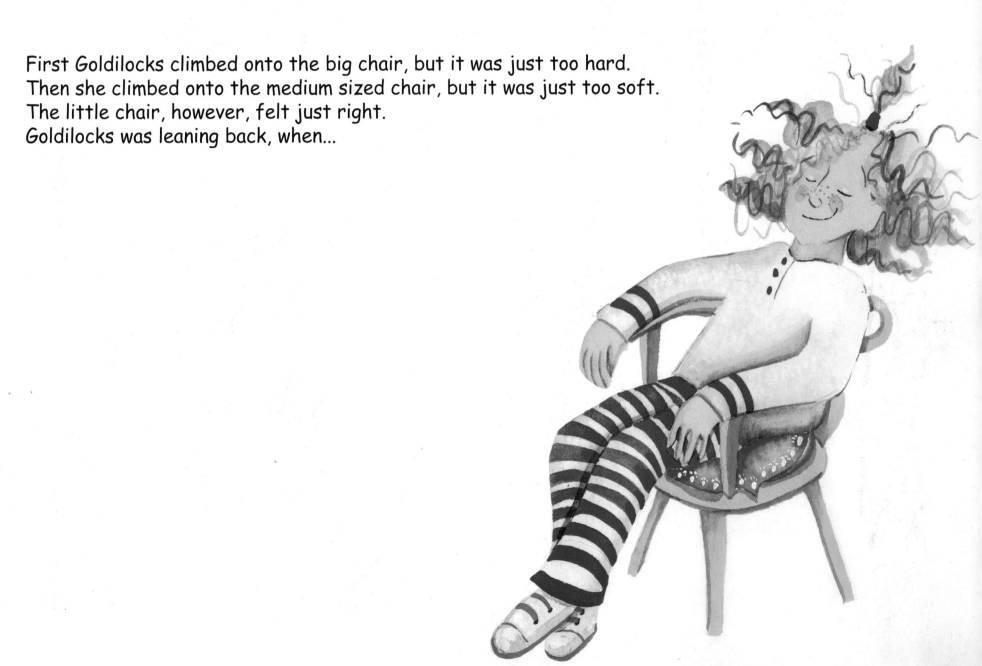

CRAQUE! As pernas partiram-se e ela caíu para o chão.
"Ai," gritou ela. "Estúpida cadeira!"

Oh não Goldilocks, o que foi que fizeste?
Levanta-te depressa, vá levanta-te e corre.

SNAP! The legs broke
and she fell onto the floor.
"Ouch," she cried.
"Stupid chair!"

Oh no Goldilocks, what have you done?
Get up quick, get up and run.

A Goldilocks sentiu-se
cansada de forma que foi
subindo as escadas para o
andar de cima.
No quarto estavam três camas.
Uma cama grande, uma cama
de tamanho médio e uma cama
pequena.

Goldilocks felt tired so she made her way upstairs.
In the bedroom were three beds.
One big bed, one medium sized bed and one small bed.

Ela subiu para a cama grande mas esta era maljeitosa de mais. Em seguida ela experimentou a cama de tamanho médio, mas esta era mole de mais. A cama pequena, no entanto, era mesmo perfeita e pouco tempo depois ela adormecia profundamente.

She climbed up onto the big bed but it was too lumpy. Then she tried the medium sized bed, which was too springy. The small bed however, felt just right and soon she was fast asleep.

Acorda Goldilocks, abre os olhos,
Pode ser que vás ter uma GRANDE surpresa!

Wake up Goldilocks, open your eyes,
You could be in for a BIG surprise!

Precisamente naquela altura
os três ursos chegaram a casa.
Depois de tropeçarem num cesto,
o Urso Papá olhou para a mesa.

Just then the three bears came home.
After tripping over a basket,
Father Bear noticed the table.

"Alguém esteve a comer a minha papa de aveia,"
disse ele numa voz áspera e alta.
"Alguém esteve a comer a minha papa de aveia,"
repetiu a Ursa Mamã numa voz moderada.

"Someone's been eating my porridge," he said
in a loud gruff voice.
"Someone's been eating my porridge," echoed
Mother Bear in a medium voice.

"Alguém esteve a comer a minha papa de aveia," choramingou o
Urso Bébé numa voz débil, "e comeram-na toda!"

"Someone's been eating my porridge," cried Baby Bear in a small voice,
"and they've eaten it all up!"

Os três ursos muito esfomeados, sentiram-se um pouco desconfiados,
Mas um monstro que apanha flores não parece ser
muito assustador.

Three very hungry bears, feeling slightly wary,
But a flower-collecting monster
doesn't sound too scary.

De mãos dadas, moveram-se vagarosamente e silenciosamente para a sala de estar.
"Alguém se sentou na minha cadeira," disse o Urso Papá numa voz áspera e alta.
"Alguém se sentou na minha cadeira," repetiu a Ursa Mamã numa voz moderada.

Holding hands, they crept into the living room.
"Someone's been sitting in my chair," said Father Bear in a loud gruff voice.
"Someone's been sitting in my chair," echoed Mother Bear in a medium voice.

"Alguém se sentou na minha cadeira," choramingou o Urso Bébé numa voz débil, "e olhem, partiram-na!"
Ele desfez-se em lágrimas.

"Someone's been sitting in my chair," cried Baby Bear in a small voice, "and look, they've broken it!"
He burst into tears.

Agora é que eles ficaram
muito preocupados.
Silenciosamente subiram as
escadas nas pontas dos pés
e entraram para o quarto.

Now they were very worried.
Quietly they tiptoed up the
stairs into the bedroom.

*Três ursos ansiosos, inseguros do
que iriam encontrar,
Algum monstro quebrador de
cadeiras da pior espécie.*

*Three grizzly bears, unsure
of what they'll find,
Some chair-breaking monster
of the meanest kind.*

Alguém esteve a dormir na minha cama," disse o Urso Papá numa voz áspera e alta.

"Someone's been sleeping in my bed," said Father Bear in a loud gruff voice.

"Alguém esteve a dormir na minha cama," repetiu a Ursa Mamã numa voz moderada.

"Someone's been sleeping in my bed," echoed Mother Bear in a medium voice.

"Alguém esteve a dormir na minha cama," lamentou o Urso Bébé numa voz prantosa, "e olhem!"

"Someone's been sleeping in my bed," wailed Baby Bear in a far from small voice, **"and look!"**

O barulho acordou a Goldilocks e ela gritou.

The noise woke Goldilocks up and she screamed.

Enquanto os ursos recuperavam
do seu choque…

While the bears were
recovering from their shock...

A Goldilocks saltou para fora da cama, correu pelas escadas abaixo,
apanhou o seu cesto vazio e fugiu.

Goldilocks leapt out of bed, ran down the stairs,
grabbed her empty basket and fled.

Ora bem Goldilocks, é bem feito,
Aqueles ursos pregaram-te um
susto terrível.
Mas há um segredo que tem de
ser partilhado
Os três pobres ursos também
ficaram tão assustados como tu!

Well Goldilocks, it serves you right,
Those bears gave you a terrible fright.
But here's a secret that must be shared,
The three poor bears were just as scared!